Impressum
Verlag: BABADADA GmbH, Nedderfeld 112 , 22529 Hamburg
Geschäftsführer / Verlagsleitung: Harald Hof
Druck: Books on Demand GmbH, In de Tarpen 42, 22848 Norderstedt

Imprint
Publisher: BABADADA GmbH, Nedderfeld 112 , 22529 Hamburg, Germany
Managing Director / Publishing direction: Harald Hof
Print: Books on Demand GmbH, In de Tarpen 42, 22848 Norderstedt

School
escola

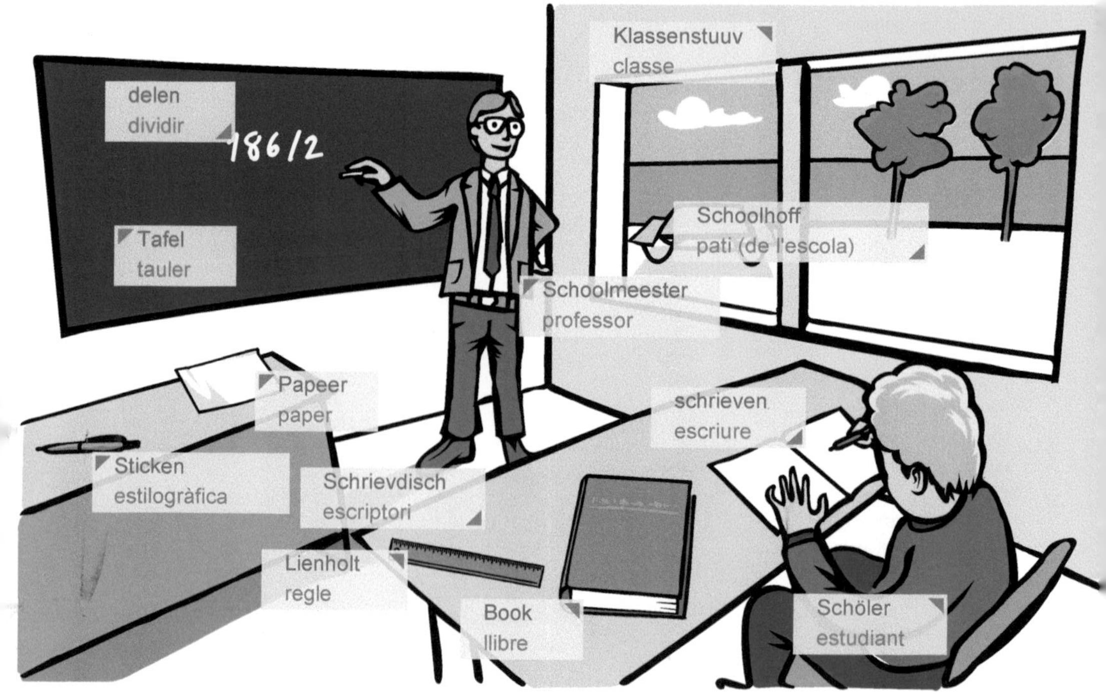
Klassenstuuv
classe
delen
dividir
186/2
Tafel
tauler
Schoolhoff
pati (de l'escola)
Schoolmeester
professor
Papeer
paper
schrieven
escriure
Sticken
estilogràfica
Schrievdisch
escriptori
Lienholt
regle
Book
llibre
Schöler
estudiant

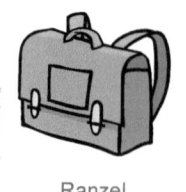

Ranzel

bossa

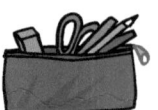

Feddermapp

estoig

Bleesticken

llapis

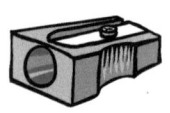

Scharpmaker

maquineta de fer punta

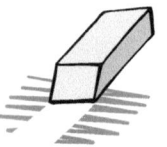

Radeergummi

goma

Tekenblock

bloc de dibuix

Teken

dibuix

Pinsel

pinzell

Malkassen

capsa de pintures

Scheer

tisores

Klever

cola

Heft to'n Öven

quadern d'exercicis

Huusopgaav

deures

12

Tall

nombre

2+2

tohooptellen

afegir

5-2

aftrecken

sostreure

2×2

malnehmen

multiplicar

reken

calcular

A

Bookstaav

lletra

**ABCDEFG
HIJKLMN
OPQRSTU
VWXYZ**

ABC

alfabet

hello

Woort

mot

Text

text

lesen

llegir

Kried

guix

Stunn

lliçó

Klassenbook

llibre de classe

Pröven

examen

Tüügnis

certificat

Schooluniform

uniforme escolar

Utbillen

formació

Nakieksel

enciclopèdia

Universität

universitat

Mikroskop

microscopi

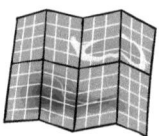

Koort

mapa

Papeerkorf

paperera

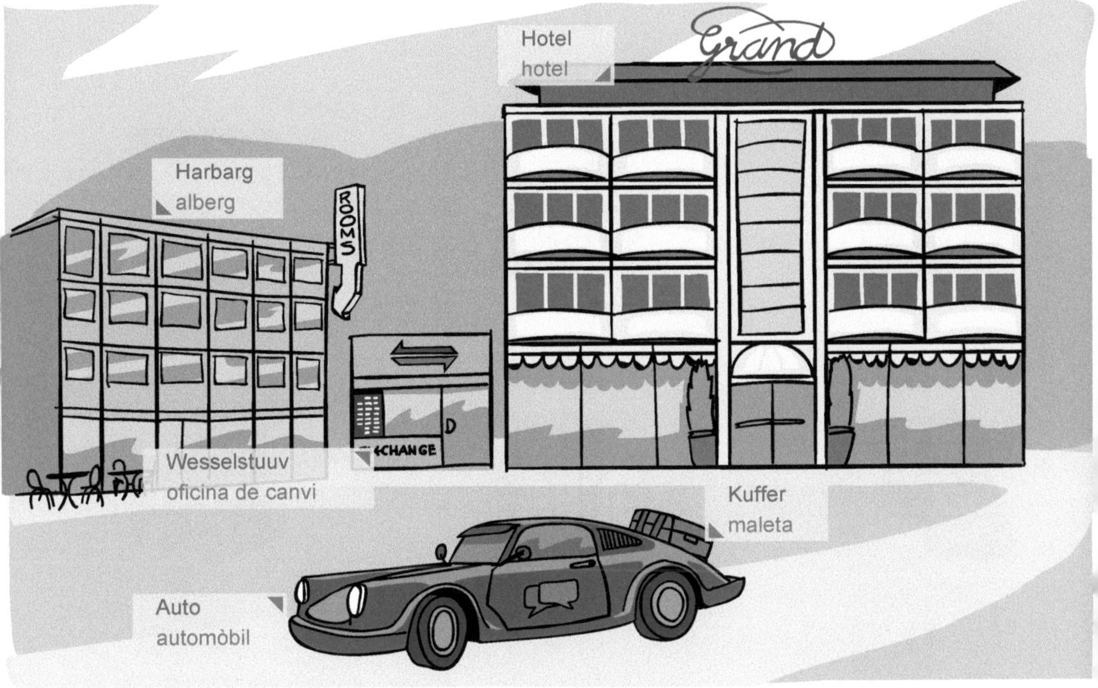
Hotel
hotel
Grand
Harbarg
alberg
ROOMS
Wesselstuuv
oficina de canvi
EXCHANGE
Kuffer
maleta
Auto
automòbil

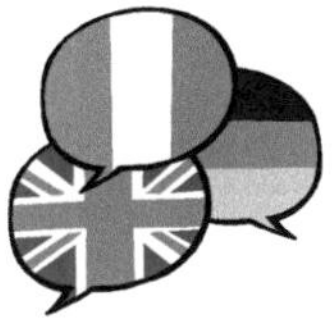

Spraak
llengua

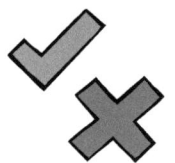

jo / ne
sí / no

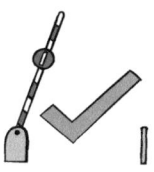

Jo
D'acord

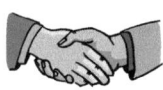

Moin
Ey!

Översetter
traductora

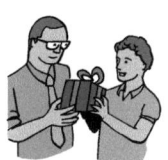

Dank ok
gràcies

Wat kost...?

Quant costa... ?

Ik verstah nich

No entenc

Problem

problema

Goden Avend

Bona nit!

Moin!

bon dia!

Gode Nacht!

bona nit!

Tschüüs

fins aviat

Richt

direcció

Bagaasch

bagatge

Tasch

bossa

Rüchsack

sarrona

Gast

convidat

Stuuv

cambra

Slaapsack

sac de dormir

Telt

tenda

Touristeninformatschoon

oficina de turisme

Strand

platja

Kreditkoort

carta de crèdit

Fröhstück

esmorzar

Meddageten

dinar

Avendeten

sopar

Fohrkort

bitllet

Fohrstohl

ascensor

Breefmark

segell

Grenz

frontera

Toll

duana

Bottschop

ambaixada

Visum

visat

Pass

passaport

Transport

transport

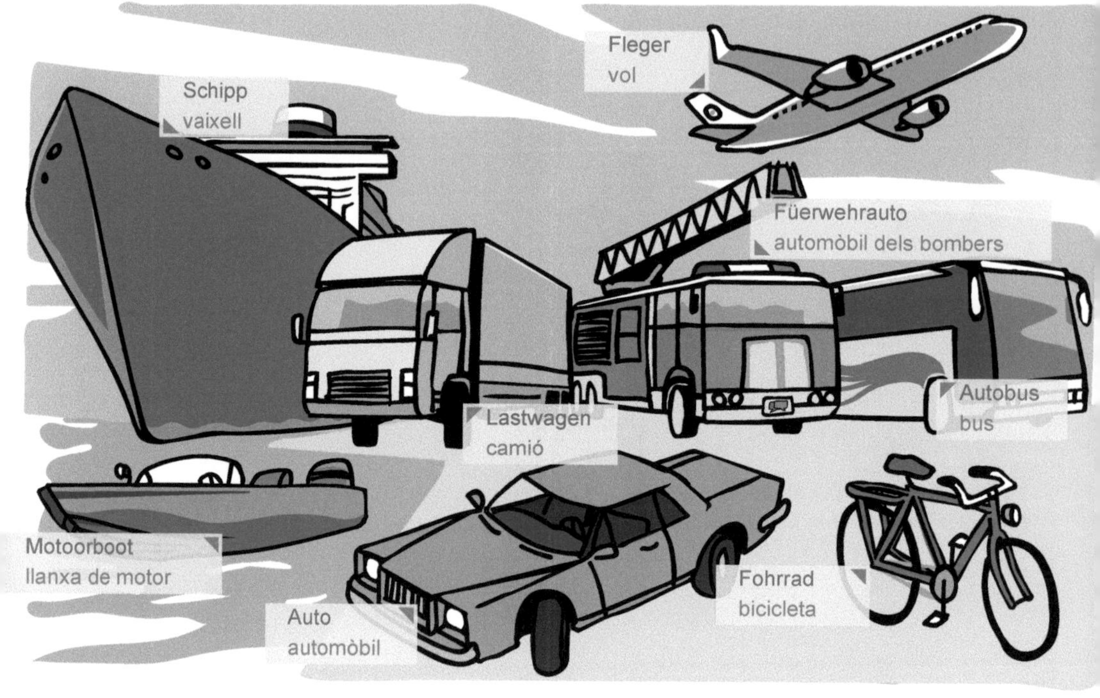
Fleger
vol
Schipp
vaixell
Füerwehrauto
automòbil dels bombers
Autobus
bus
Lastwagen
camió
Motoorboot
llanxa de motor
Fohrrad
bicicleta
Auto
automòbil

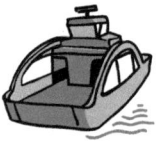

Fähr

transbordador

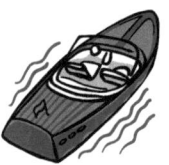

Boot

barca

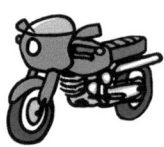

Motoorrad

moto

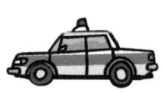

Polizeiauto

automòbil de policia

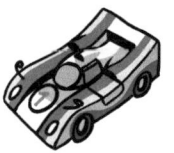

Rönnauto

automòbil de curses

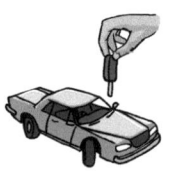

Lehnwagen

automòbil de lloguer

Carsharing

vehicle compartit

Afsleepwagen

grua

Müllauto

camió de les escombraries

Motoor

motor

Kraftstoff

benzina

Tanksteed

benzineria

Verkehrsschild

senyal de trànsit

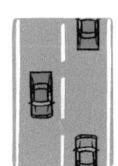

Verkehr

trànsit

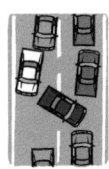

Stau

embús

Afstellplatz

aparcament

Bahnhoff

estació de trens

Sporen

vies

Tog

tren

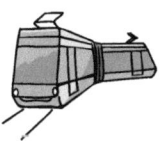

Stratenbahn

tramvia

Wagon

vagó

Dwarsmöhl

helicòpter

Flooghaven

aeroport

Tower

torre

Fohrgast

passatger

Grootkist

contenidor

Karton

capsa de cartó

Koor

carretó

Korf

cistella

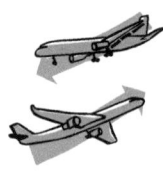

starten / lannen

enlairar-se / aterrar

Stadt

ciutat

Dörp

poble

Binnenstadt

centre de la ciutat

Huus

casa

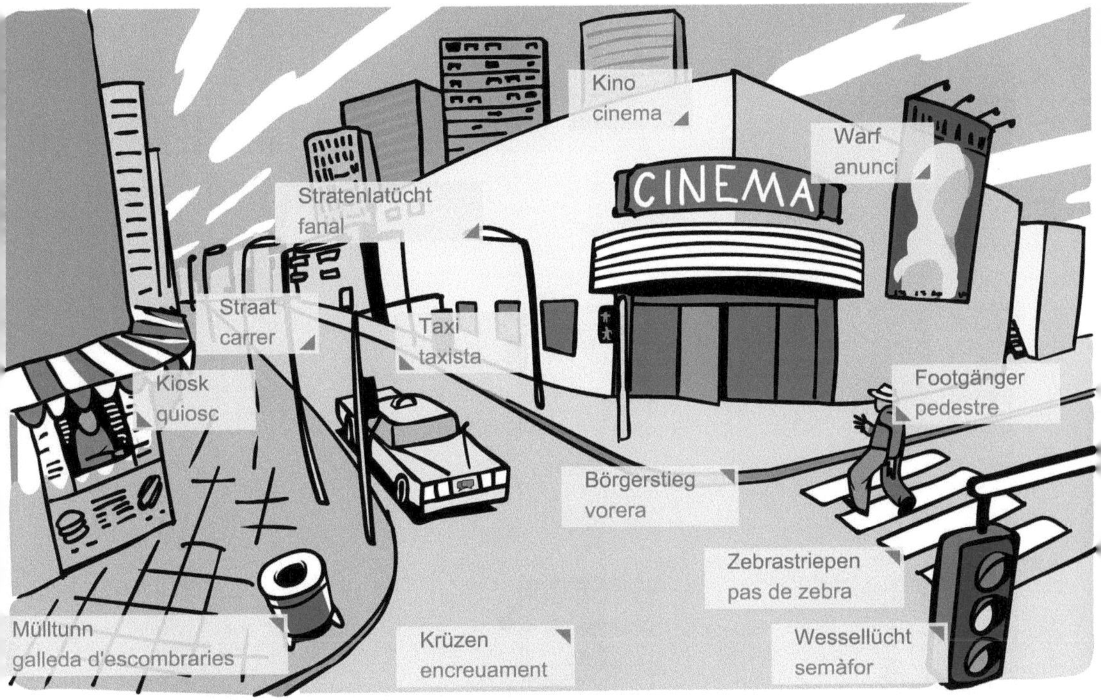

Kino
cinema

Warf
anunci

Stratenlatücht
fanal

CINEMA

Straat
carrer

Taxi
taxista

Footgänger
pedestre

Kiosk
quiosc

Börgerstieg
vorera

Zebrastriepen
pas de zebra

Mülltunn
galleda d'escombraries

Krüzen
encreuament

Wessellücht
semàfor

Hütt

cabana

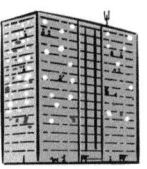

Wahnung

apartament

Bahnhoff

estació de trens

Raathuus

casa de la vila-ciutat

Museum

museu

School

escola

Universität	Bank	Krankenhuus
universitat	banca	hospital

Hotel	Afteek	Büro
hotel	farmàcia	oficina

Bookhökerie	Hökerie	Blomenhökerie
llibreria	botiga	floristeria

Supermarkt	Markt	Koophuus
supermercat	mercat	gran magatzem

Fischhökerie	Inkoopszentrum	Haven
peixateria	centre comercial	port

Stadt - ciutat

Parkanlaag

parc

Bank

banc

Brüch

pont

Trepp

escala

Ünnergrundbahn

metro

Tunnel

túnel

Busstoppsteed

parada d'autobús

Bar

bar

Spieslokal

restaurant

Breefkassen

bústia de correu

Stratenschild

senyal indicador

Parkklock

parquímetre

Deertenpark

zoo

Baadanstalt

piscina

Moschee

mesquita

Buernhoff
granja

Ümweltversmudden
pol·lució

Karkhoff
cementiri

Kark
església

Speelplatz
parc infantil

Tempel
temple

Landschop
paisatge

Blatt
fulla

Wiespahl
cartell indicador

Weg
camí

Wisch
prat

Steen
pedra

Boom
arbre

Wannerer
excursionista

Fluss
riu

Gras
gespa

Bloom
flor

Daal

vall

Barg

muntanya

See

llac

Holt

bosc

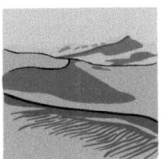

Wööst

desert

Füerspien Barg

volcà

Slott

castell

Regenbagen

arc de Sant Martí

Poggenstohl

bolet

Palm

palmera

Steekmück

moscard

Fleeg

mosca

Miegeemk

formiga

Imm

abella

Spinn

aranya

Landschop - paisatge 15

Sebber

escarabat

Pogg

granota

Katteker

esquirol

Swienegel

eriçó

Haas

llebre

Uul

òliba

Vagel

ocell

Swaan

cigne

Wildswien

senglar

Hirsch

cervo

Elk

ant

Staudamm

presa

Windrad

turbina

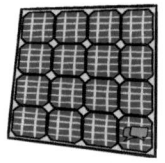

Solarmodul

panell solar

Klima

clima

Spieslokal
restaurant

Kellner
cambrer
Spieskoort
menú
Stohl
cadira
Supp
sopa
Pizza
pizza
Bestick
coberts
Dischdeek
tovalla

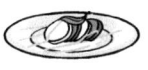

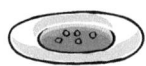

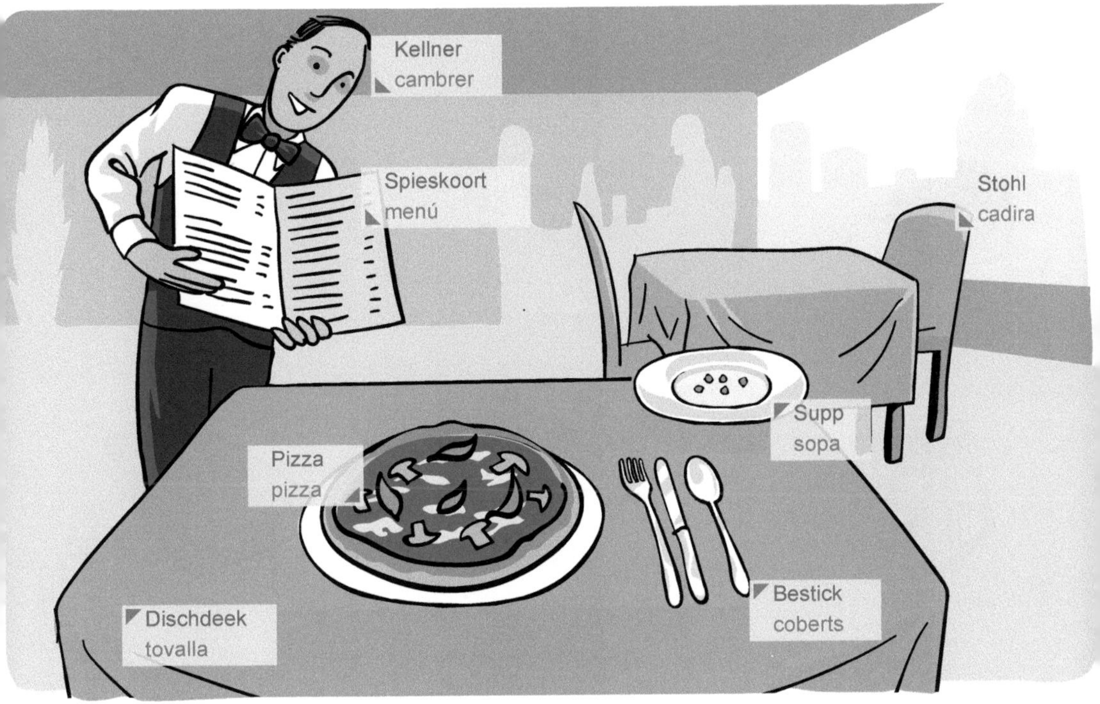

Vörspies
primer plat

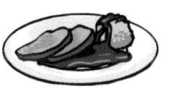

Haupteten
plat principal

Nadisch
darreries

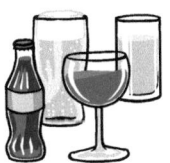

Drünk
begudes

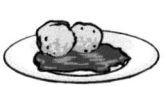

Eten
menjar

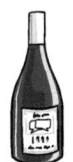

Buddel
ampolla

Fastfood

menjar ràpid

Strateneten

menjar de carrer

Teekann

tetera

Zuckerdoos

sucrer

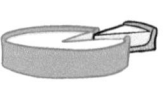

Portschoon

porció

Espressomaschien

màquina d'espresso

Hoochstohl

trona

Reken

factura

Tablett

plata

Mess

ganivet

Gavel

forqueta

Lepel

cullera

Teelepel

cullereta

Munddook

tovalló

Glas

got

Spieslokal - restaurant

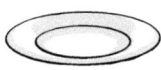

Töller

plat

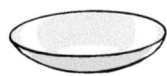

Suppentöller

plat de sopa

Ünnertass

plateret

Sooß

salsa

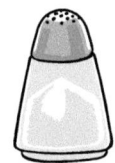

Soltstreuer

saler

Pepermöhl

molinet de pebre

Etig

vinagre

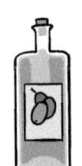

Ööl

oli

Krüder

espècies

Ketchup

quètxup

Mostrich

mostassa

Mayonnaise

maionesa

Supermarkt
supermercat

Anbott
oferta especial
FOR
Kunn
client
Melkprodukten
productes lactis
Aaft
fruites
Inkoopswagen
carret de la compra

BUTCHERS

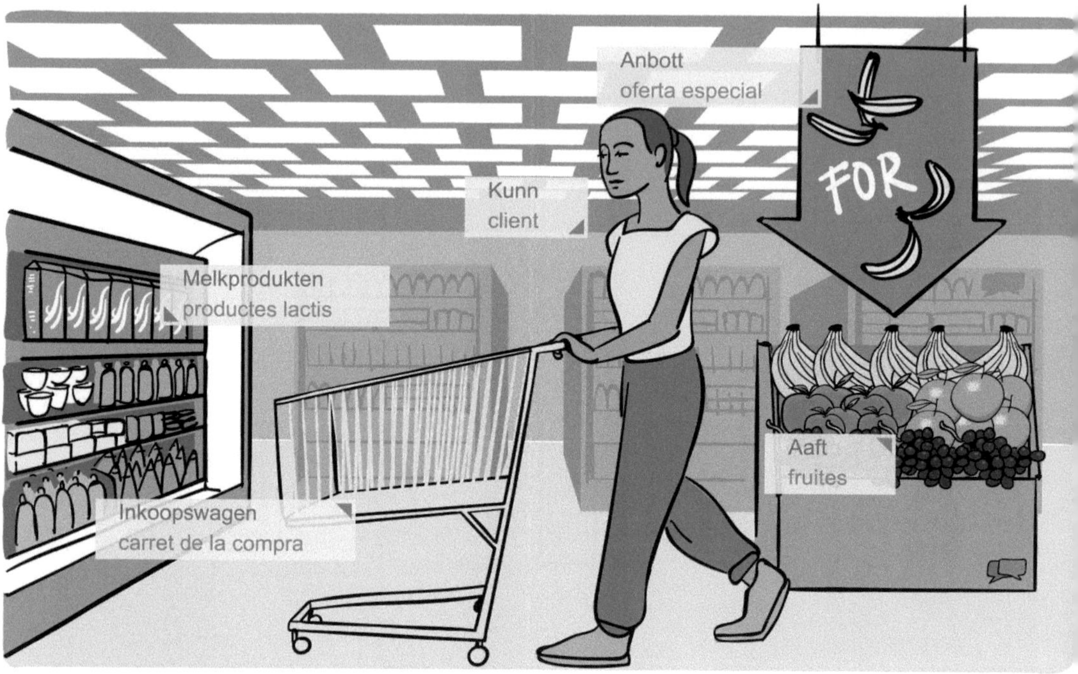

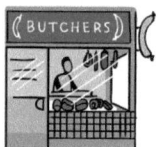

Slachterie

carnisseria

BAKERY

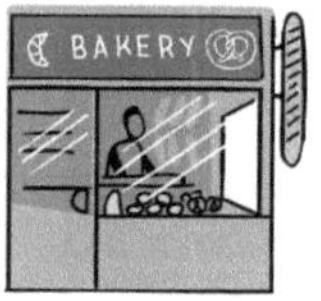

Bäckerie

forn de pa

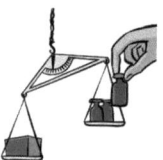

wegen

pesar

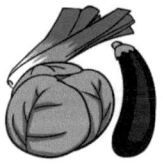

Gröönsaken

verdures

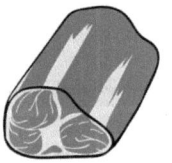

Fleesch

carn

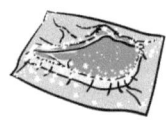

Deepköhlkost

menjar congelat

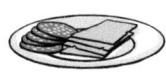

Opsnitt

carn freda

Konserven

conserves

Waschmiddel

detergent en pols

Snoopkraam

dolços

Huushooltssaken

articles domèstics

Reinmaaktüüch

productes de neteja

Verköpersche

venedora

Kass

caixa registradora

Kasserer

caixera

Inkoopslist

llista de la compra

Opsparrtieden

horari d'obertura

Breeftasch

portamonedes

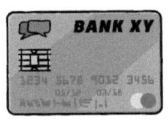

Kreditkoort

carta de crèdit

Tasch

bossa

Plastiktüüt

bossa de plàstic

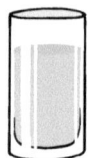

Water

aigua

Saft

suc

Melk

llet

Cola

coca-cola

Wien

vi

Beer

cervesa

Spriet

alcohol

Kakao

cacau

Tee

te

Koffie

cafè

Espresso

espresso

Cappucino

cappuccino

Banaan

banana

Appel

poma

Appelsien

taronja

Meloon

síndria

Zitroon

llimona

Wöttel

pastanaga

Knuuvlook

all

Bambus

bambú

Zibbel

ceba

Poggenstohl

bolet

Nööt

avellanes

Nudeln

fideus

Spaghetti

espaguetis

Ries

arròs

Salat

amanida

Pommes frites

patates fregides

Braadkantüffeln

patates fregides

Pizza

pizza

Hamborger

hamburguesa

Sandwich

entrepà

Snitzel

escalopa

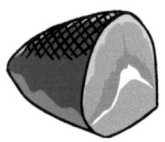

Schinken

cuixot

Salami

salami

Wust

salsitxa

Hohn

pollastre

Braden

rostit

Fisch

peix

Haverflocken

flocs de civada

Müsli

musli

Cornflakes

cereals

Mehl

farina

Croissant

croissant

Rundstück

panet

Broot

pa

Toast

torrada

Keksen

bescuits

Botter

mantega

Quark

mató

Koken

pastís

Ei

ou

Spegelei

ou fregit

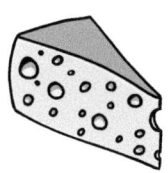

Kees

formatge

Eten - menjar

les
gelat

Zucker
sucre

Honnig
mel

Marmelaad
melmelada

Nougat-Creme
crema de xocolata

Curry
curri

Buernhoff

granja

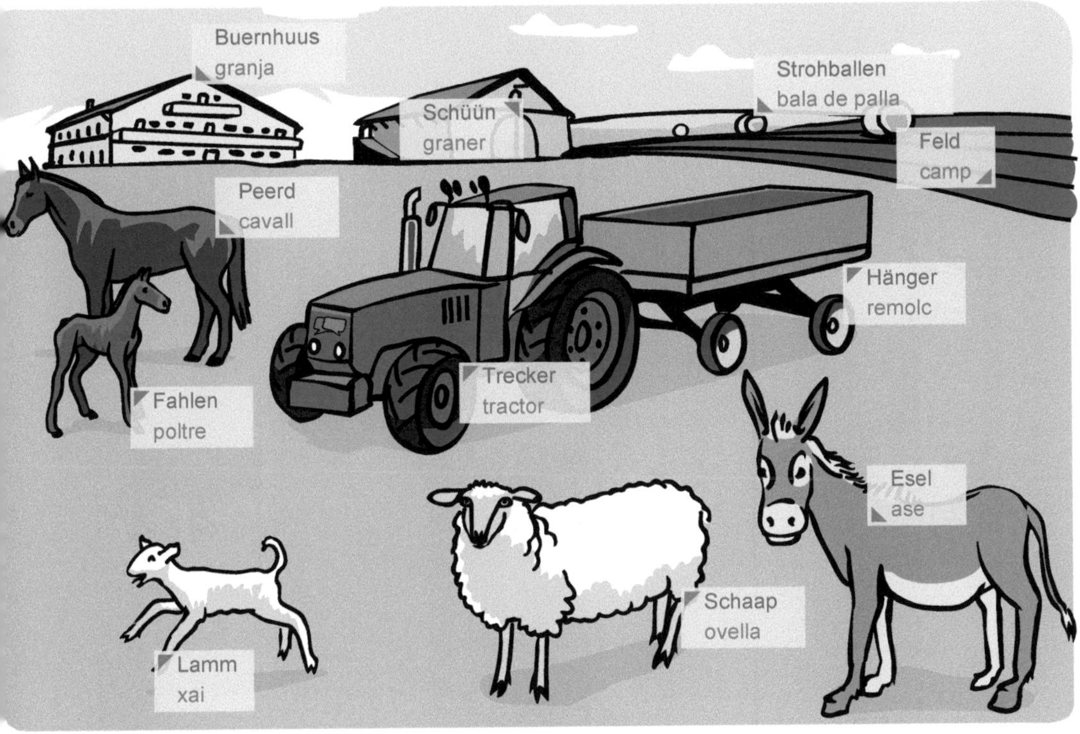
Buernhuus
granja
Schüün
graner
Strohballen
bala de palla
Feld
camp
Peerd
cavall
Hänger
remolc
Fahlen
poltre
Trecker
tractor
Esel
ase
Schaap
ovella
Lamm
xai

Zeeg

cabra

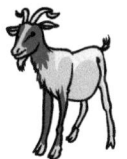

Koh

vaca

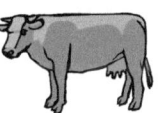

Kalf

vedella

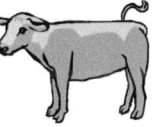

Swien

porc

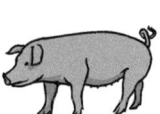

Farken

garrí

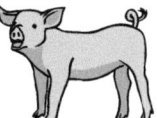

Bull

bou

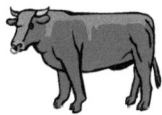

Goos

oca

Aant

ànec

Küken

poll

Hohn

gall

Hahn

gallina

Rott

rata

Katt

gat

Muus

ratolí

Oss

bou

Hund

gos

Hunnenhütt

gossera

Goornslauch

mànega de regar

Geetkann

regadora

Lee

dalla

Ploog

arada

Sich

falç

Hack

aixada

Mestfork

forca

Ext

destral

Schuufkoor

carretó

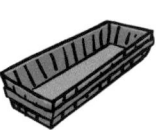

Trog

abeurador

Melkkann

lletera

Sack

sac

Tuun

tanca

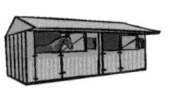

Stall

establa

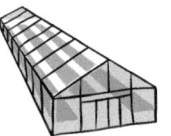

Drievhuus

hivernacle

Bodden

sòl

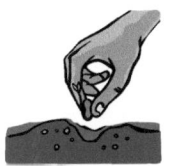

Saat

llavor

Dünger

adob

Melhdöscher

collidora

oornen

collir

Oorn

collita

Yamswöttel

nyam

Weten

blat

Soja

soja

Kantüffel

patata

Törksche Weten

blat de moro o d'indi

Rapp

colza

Aaftboom

arbre fruiter

Troopsch Kantüffel

mandioca

Koorn

cereals

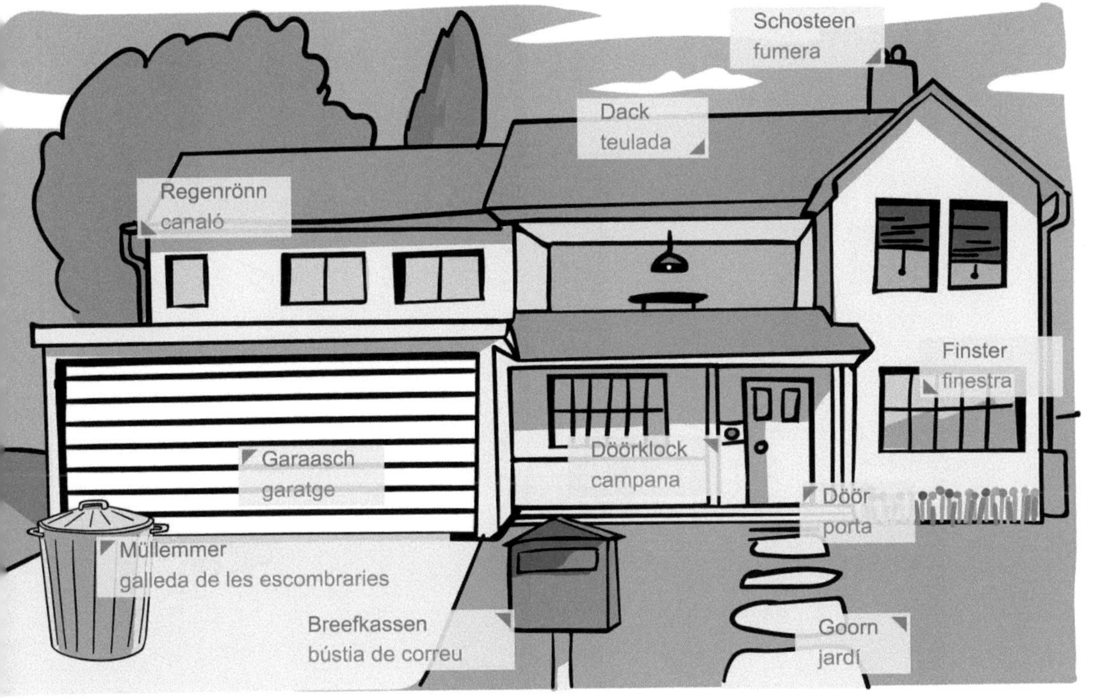

Schosteen
fumera

Dack
teulada

Regenrönn
canaló

Finster
finestra

Garaasch
garatge

Döörklock
campana

Döör
porta

Müllemmer
galleda de les escombraries

Breefkassen
bústia de correu

Goorn
jardí

Wahnstuuv

sala d'estar

Baadstuuv

bany

Köök

cuina

Slaapstuuv

cambra de dormir

Kinnerstuuv

cambra de nen

Eetstuuv

menjador

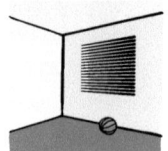

Footbodden

sòl

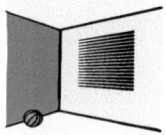

Wand

paret

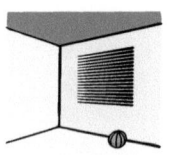

Deek

sostre

Keller

soterrani

Hittluftbad

sauna

Balkon

balcó

Terrass

terrassa

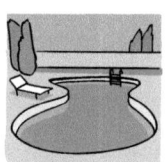

Swümmbad

piscina

Rasenmeiher

tallagespa

Bettbetog

vànova

Bettdeek

cobrellit

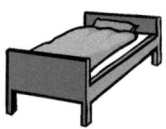

Puuch

llit

Bessen

escombra

Emmer

galleda

Schalter

interruptor

Wahnstuuv
sala d'estar

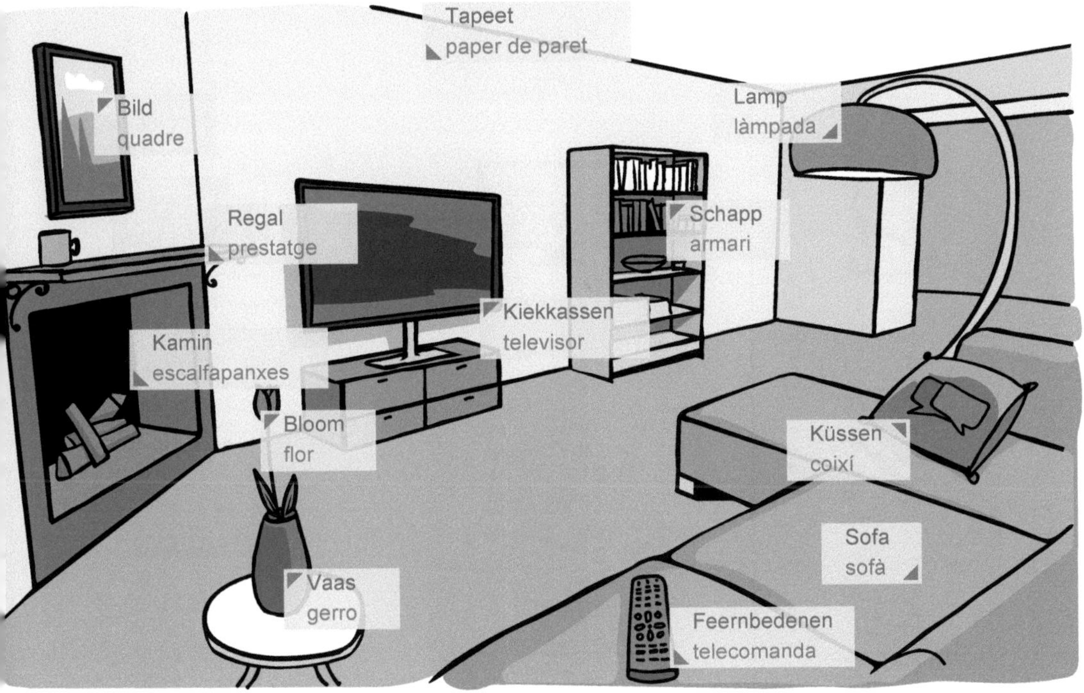
Tapeet
paper de paret
Bild
quadre
Lamp
làmpada
Regal
prestatge
Schapp
armari
Kiekkassen
televisor
Kamin
escalfapanxes
Bloom
flor
Küssen
coixí
Sofa
sofà
Vaas
gerro
Feernbedenen
telecomanda

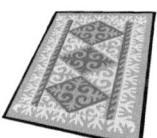

Teppich

catifa

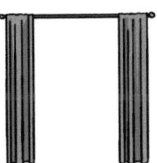

Vörhang

cortina

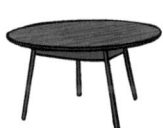

Disch

taula

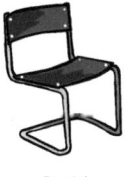

Stohl

cadira

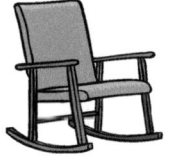

Schuckelstohl

cadira gronxadora

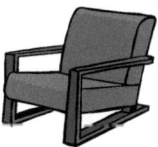

Sessel

cadiral

Book
....
llibre

Deek
....
llençol

Dekoratschoon
....
decoració

Füerholt
....
llenya

Film
....
film

Stereoanlaag
....
cadena de música

Slötel
....
clau

Narichtenblatt
....
diari

Gemälde
....
pintura

Poster
....
cartell

Radio
....
ràdio

Opschrievblock
....
bloc de notes

Huulbessen
....
aspiradora

Kaktus
....
cactus

Kars
....
candela

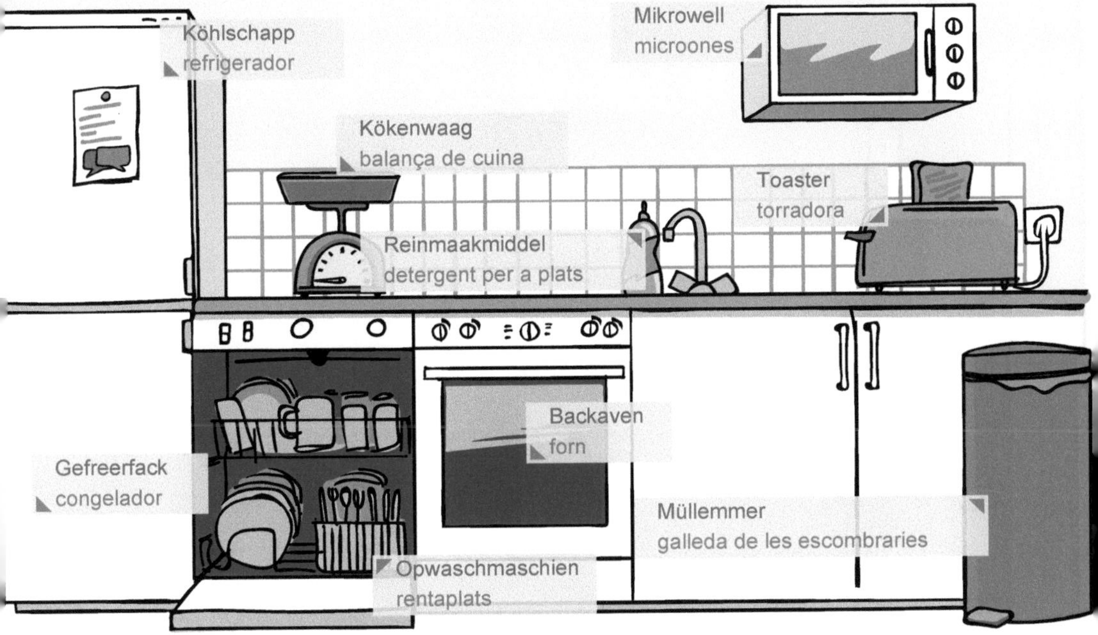

Köhlschapp
refrigerador

Mikrowell
microones

Kökenwaag
balança de cuina

Toaster
torradora

Reinmaakmiddel
detergent per a plats

Backaven
forn

Gefreerfack
congelador

Müllemmer
galleda de les escombraries

Opwaschmaschien
rentaplats

Heerd

cuina de fogons

Pott

olla

Gussiesern Putt

olla de ferro colat

Wok / Kadai

wok / karahi

Pann

paella

Waterkaker

bullidor

Dampkaakputt

olla de vapor

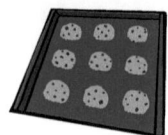

Backblick

plata de forn

Geschirr

vaixella

Beker

tassa grossa

Schaal

bol

Eetsticken

bastonets xinesos

Suppenkell

culler

Pannenwenner

espàtula

Sneebessen

batedor

Kaakseef

colador

Seef

sedàs

Riev

ratllador

Mörser

morter

Grill

barbacoa

Füerstell

foc a terra

Sniedbrett

taula de tallar

Nudelholt

corró

Proppentrecker

llevataps

Doos

pot de conserva

Dosenaapner

obridor

Pottlappen

agafador

Waschbecken

aigüera

Böst

raspall

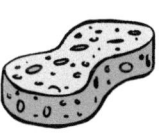

Swamm

esponja

Mixer

batedora

Iesschapp

congelador

Nuckelbuddel

biberó

Waterhahn

aixeta

Baadstuuv

bany

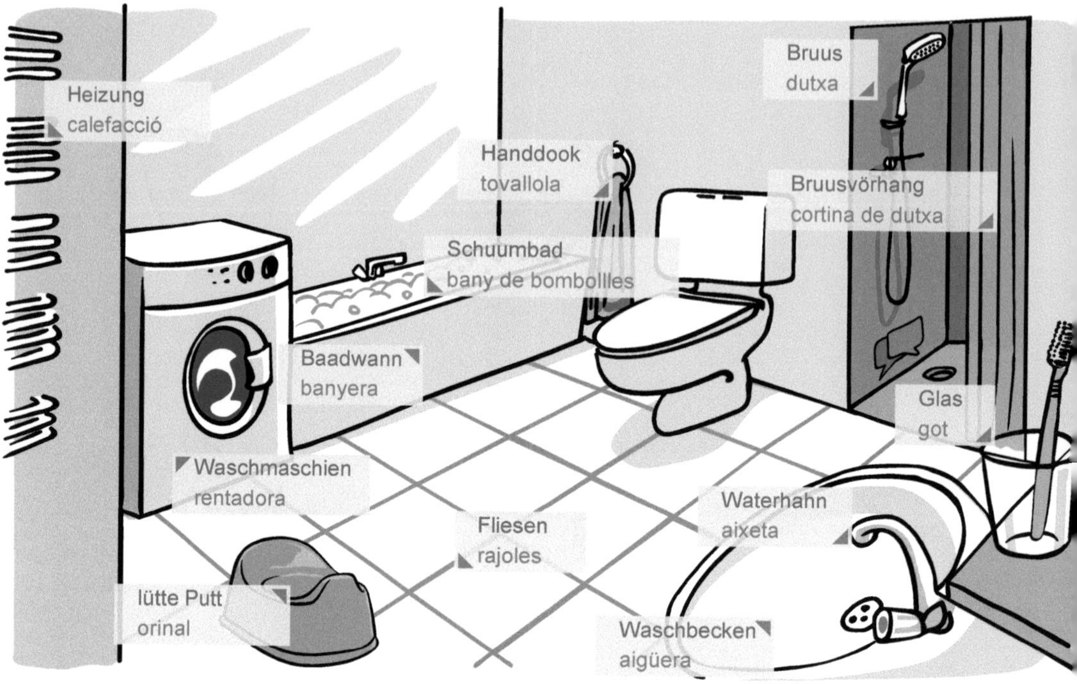
Heizung
calefacció
Handdook
tovallola
Bruus
dutxa
Bruusvörhang
cortina de dutxa
Schuumbad
bany de bombollles
Baadwann
banyera
Glas
got
Waschmaschien
rentadora
Waterhahn
aixeta
Fliesen
rajoles
lütte Putt
orinal
Waschbecken
aigüera

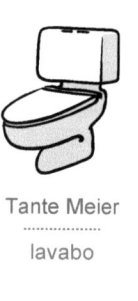

Tante Meier

lavabo

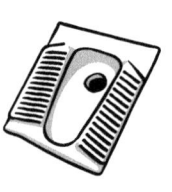

Hockklo

lavabo turc

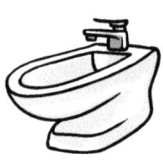

Bidet

bidet

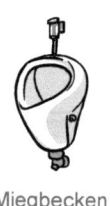

Miegbecken

orinador

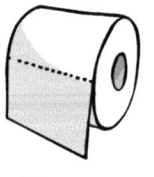

Klopapeer

paper higiènic

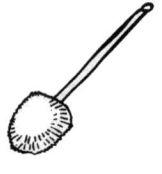

Kloböst

escombreta de sanitari

Tähnböst

raspall de dents

Tähnpast

pasta de dents

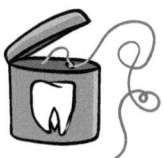

Tähnsied

fil dental

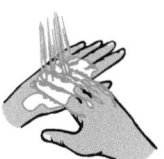

waschen

rentar

Handbruus

pom de dutxa

Intimbruus

dutxa íntima

Waschschöttel

rentamans

Rüchböst

raspall per a l'esquena

Seep

sabó

Bruusgeel

gel de dutxa

Hoorwaschmiddel

xampú

Waschlappen

manyopla de bany

Afloop

bonera

Creme

crema

Deodorant

desodorant

Spegel

mirall

Kosmetikspegel

mirall-espill de mà

Raserer

maquineta de rasar

Raseerschuum

espuma de barbejar

Raseerwater

loció post-rasada

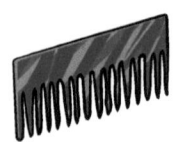

Kamm

pinta

Böst

raspall

Hoordröger

eixugador

Hoorspray

laca

Smink

maquillatge

Lippensticken

pintallavis

Nagellack

esmalt d'ungles

Watt

cotó

Nagelscheer

tallaungles

Rüükwater

perfum

Kulturbüdel

estoig de bellesa

Schemel

tamboret

Waag

bàscula

Baadmantel

barnús

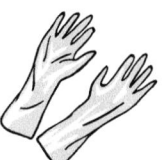

Gummihanschen

guants de goma

Tampon

compresa higiènica

Damenbinn

compresa

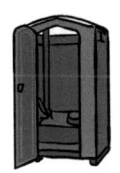

Chemieklo

sanitari químic

Kinnerstuuv

cambra de nen

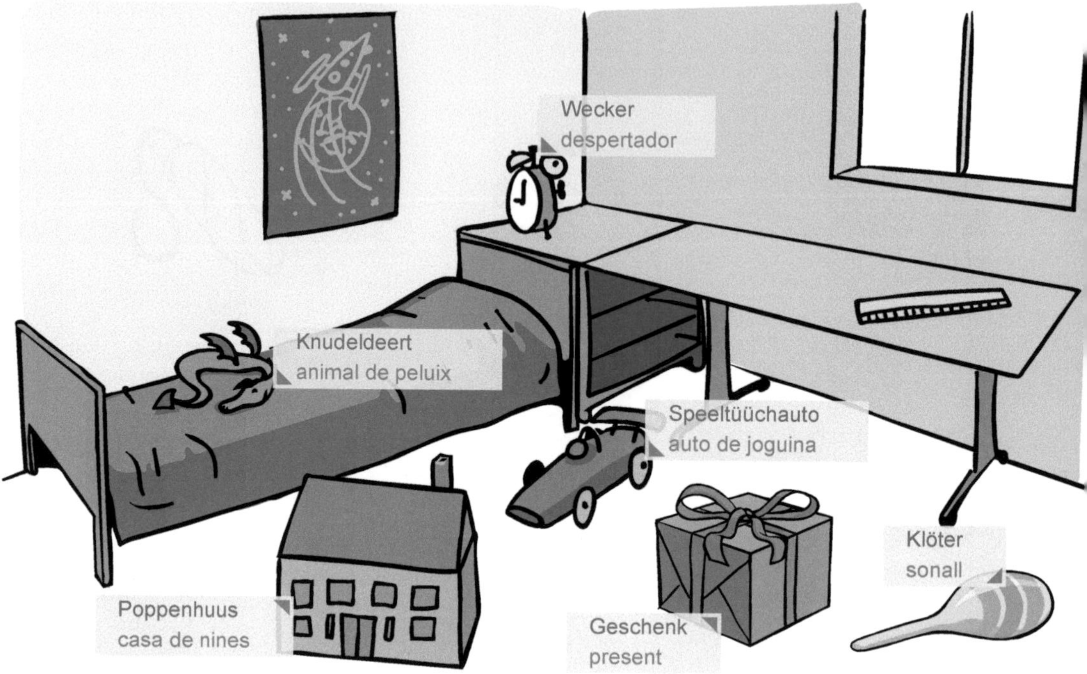

Wecker
despertador
Knudeldeert
animal de peluix
Speeltüüchauto
auto de joguina
Klöter
sonall
Poppenhuus
casa de nines
Geschenk
present

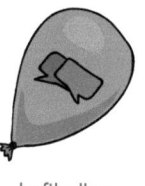

Luftballon

baló

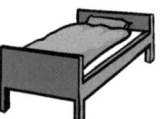

Puuch

llit

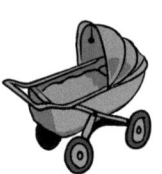

Kinnerwagen

cotxet per a nens

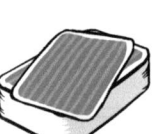

Koortenspeel

joc de cartes

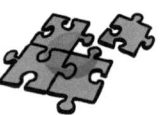

Puzzle

trencaclosca

SUPER
MEGA

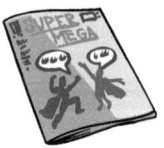

Billergeschicht

historieta

Legostenen

peces de lego

Bustenen

peces de construcció

Action-Figur

ninot d'acció

Strampelantog

granota

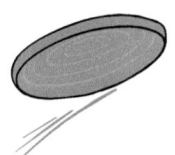

Frisbeeschiev

frisbee

Mobile

mòbil per a bressol

Brettspeel

joc de taula

Wörpel

daus

Modelliesenbahn

tren elèctric

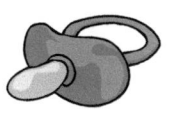

Snuller

xumet

Party

festa

Billerbook

llibre de dibuixos

Ball

pilota

Popp

nina

spelen

jugar

Sandkassen

sorrera

Schuckel

gronxador

Speeltüüch

joguines

Speelkonsool

consola de jocs de vídeo

Dreerad

tricicle

Teddyboor

osset de peluix

Klederschapp

armari

Tüüch

roba

Socken

mitjons

Strümp

mitges

Strumpbüx

mitja pantaló

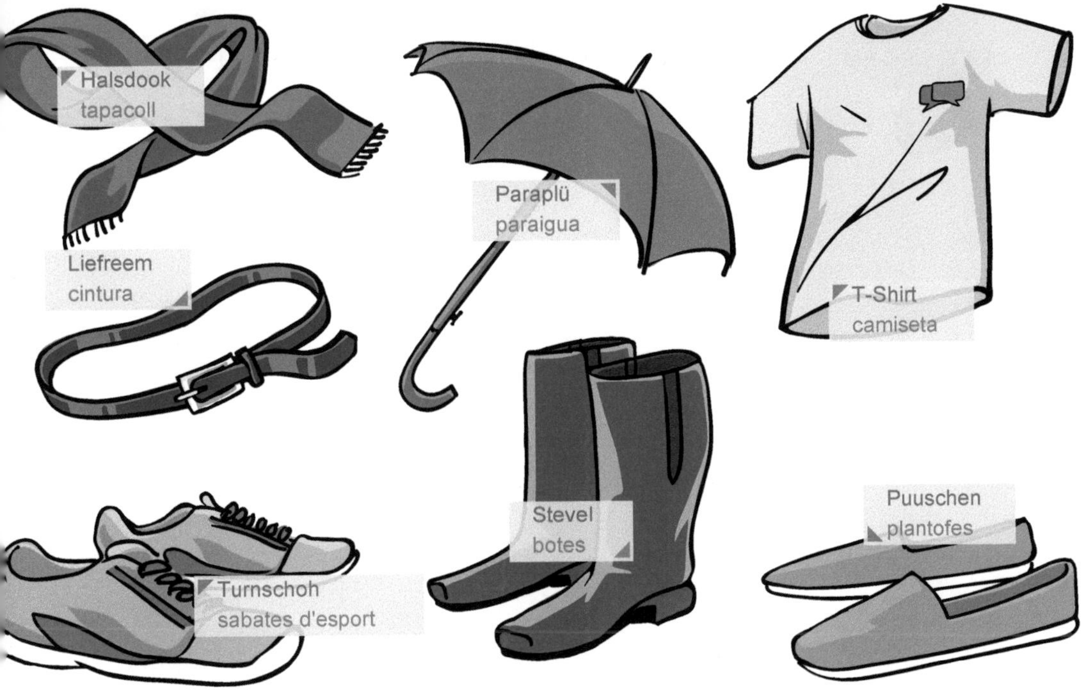

Halsdook
tapacoll

Liefreem
cintura

Paraplü
paraigua

T-Shirt
camiseta

Stevel
botes

Puuschen
plantofes

Turnschoh
sabates d'esport

Sandalen
....
sandàlies

Schoh
....
sabates

Gummistevel
....
botes de goma

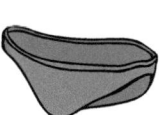

Ünnerbüx
....
calçonets

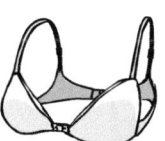

Bostholler
....
sostenidor

Ünnerhemd
....
guardapits

Lief

jjustacòs

Büx

pantalons

Jeansnüx

jeans

Rock

faldeta

Bluus

brusa

Hemd

camisa

Pullover

jersei

Kapuzenpullover

dessuadora

Blazer

blazer

Jack

jaqueta

Mantel

mantell

Övertrecker

impermeable

Kostüm

vestit de dona

Kleed

vestit de dona

Hochtietskleed

vestit de núvia

Antog

vestit d'home

Nachtkleed

camisa de dormir

Slaapantog

pijama

Sari

sari

Koppdook

mocador de cap

Turban

turbant

Burka

burca

Kaftan

caftan

Abaya

abaia

Baadantog

vestit de bany

Baadbüx

calçon(et)s de bany

Korte Büx

pantalons curts

Antog to'n Öven

xandall

Schört

davantal

Handschoh

guants

Knopp

botó

Brill

ulleres

Armband

braçalet

Halskeed

collaret

Ring

anell

Ohrbummel

orellera

Mütz

casquet

Klederbögel

penjador

Hoot

capell

Binner

corbata

Rietslüter

cremallera

Helm

casc

Drachtband

elàstics

Schooluniform

uniforme escolar

Uniform

uniforme

Severböten
....
pitet

Snuller
....
xumet

Winnel
....
bolquer

Büro
oficina

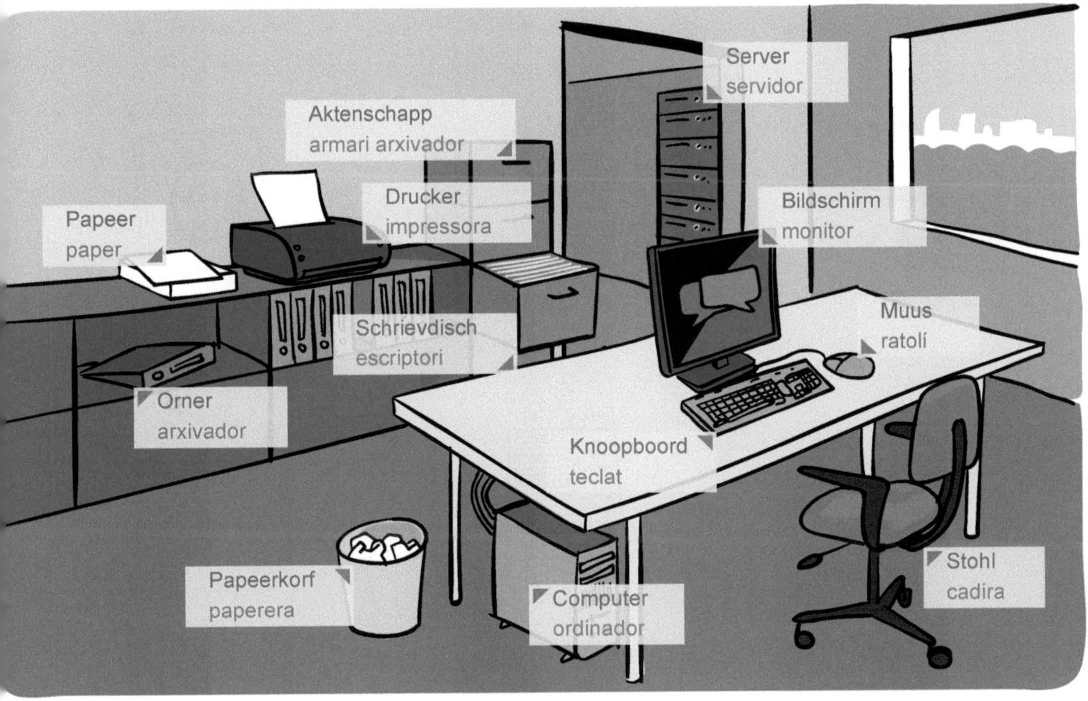

Server
servidor

Aktenschapp
armari arxivador

Drucker
impressora

Bildschirm
monitor

Papeer
paper

Schrievdisch
escriptori

Muus
ratolí

Orner
arxivador

Knoopboord
teclat

Papeerkorf
paperera

Computer
ordinador

Stohl
cadira

Koffiebeker
....
tassa de cafè

Taschenreekner
....
calculadora

Internet
....
Internet

Klappreekner

ordinador portàtil

Breef

lletra

Naricht

missatge

Ackersnacker

mòbil

Nettwark

xarxa

Kopeerapparat

fotocopiadora

Software

programari

Klöönkassen

telèfon

Steekdoos

presa de corrent

Faxapparat

fax

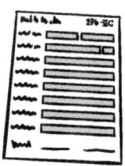

Formulor

formulari

Dokument

document

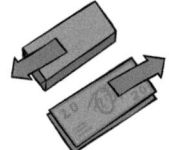

köpen

comprar

betahlen

pagar

hanneln

comerciar

Geld

diners

Dollar

dòlar

Euro

euro

Yen

ien

Ruvel

ruble

Swiezer Franken

franc suís

Renminbi Yuan

renminbi

Rupie

rupia

Geldautomat

caixa automàtica

Wesselstuuv

oficina de canvi

Gold

or

Sülver

argent

Ööl

petroli

Energie

energia

Pries

preu

Verdrag

contracte

Stüer

impost

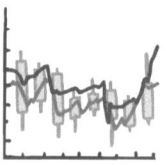

Andeelschien

acció

arbeiden

treballar

Anstellte

treballador

Arbeitgever

empresari

Fabrik

fàbrica

Hökerie

botiga

Profeschonen
oficis

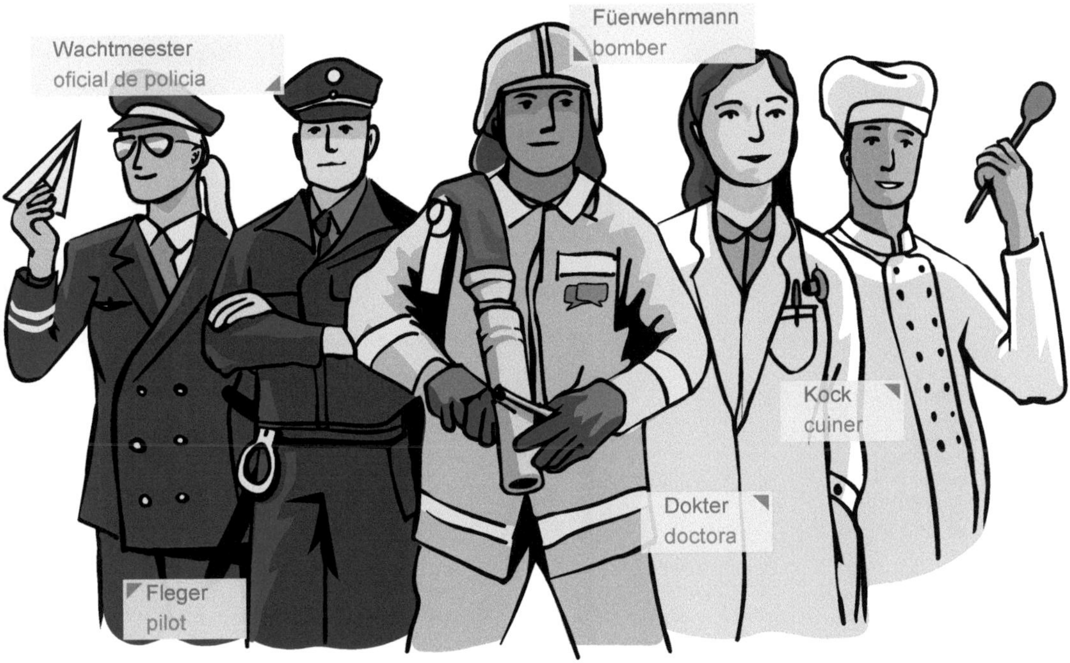

Füerwehrmann
bomber
Wachtmeester
oficial de policia
Kock
cuiner
Dokter
doctora
Fleger
pilot

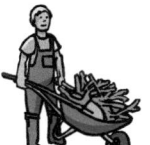

Goorner

jardiner

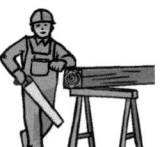

Discher

fuster

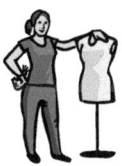

Neihersche

costurera

Richter

jutge

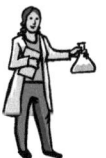

Chemiker

química

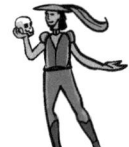

Schauspeler

actor

Busfohrer

conductor d'autobús

Taxifohrer

taxista

Fischer

pescador

Reinmaakfru

dona de la neteja

Dackdecker

ensostrador

Kellner

cambrer

Jäger

caçador

Maler

pintor

Bäcker

forner

Elektriker

electricista

Buarbeider

obrer de la construcció

Ingenieur

enginyer

Slachter

carnisser

Klempner

llanterner

Postbüdel

correu

Suldat

soldat

Architekt

arquitecte

Kasserer

caixera

Florist

florista

Putzbüdel

perruquer

Schaffner

revisor

Mechaniker

mecànic

Kaptein

capità

Tähndokter

dentista

Wetenschopler

científic

Rabbi

rabí

Imam

imam

Mönk

monjo

Paap

capellà

Warktüüch

eines

Hamer
martell
Tang
tenalles
Schruvendreiher
descaragolador
Schruvenslötel
clau anglesa
Taschenlamp
llanterna

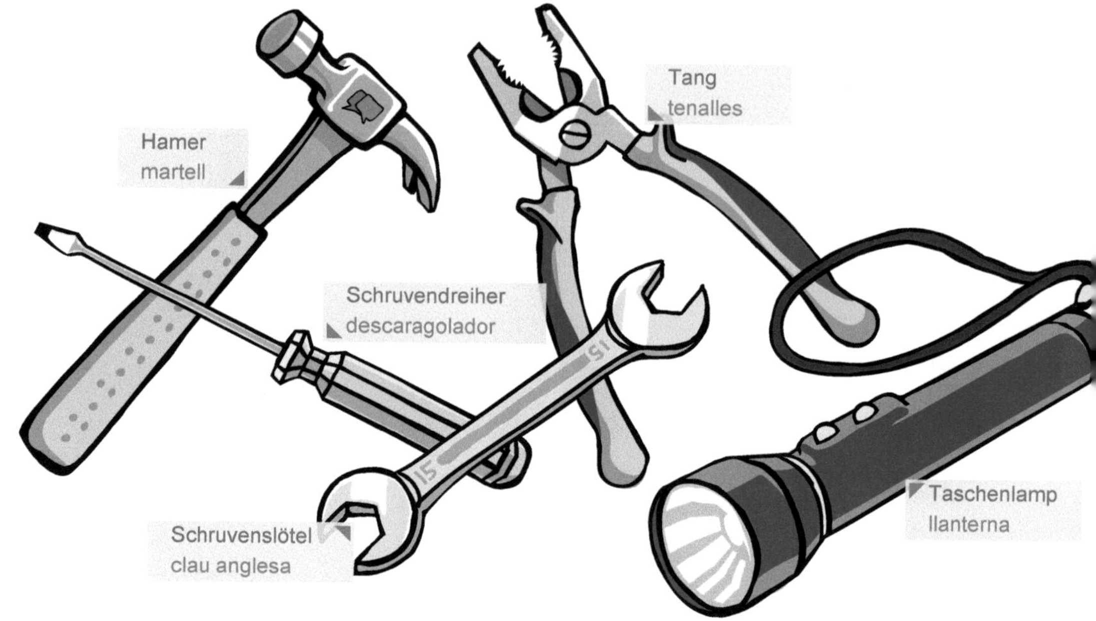

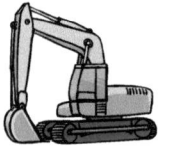

Grieper

excavadora

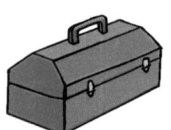

Warktüüchkassen

caixa d'eines

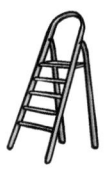

Ledder

escala

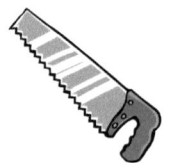

Saag

serra

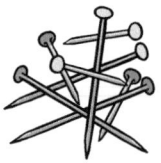

Nagels

claus

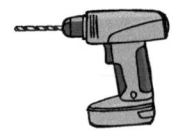

Bohrer

trepant

heelmaken
reparar

Schüffel
pala

Schiet!
Maleït siga!

Kehrblick
pala

Farvpott
pot de pintura

Schruven
caragols

Musikinstrumenten
instrument de música

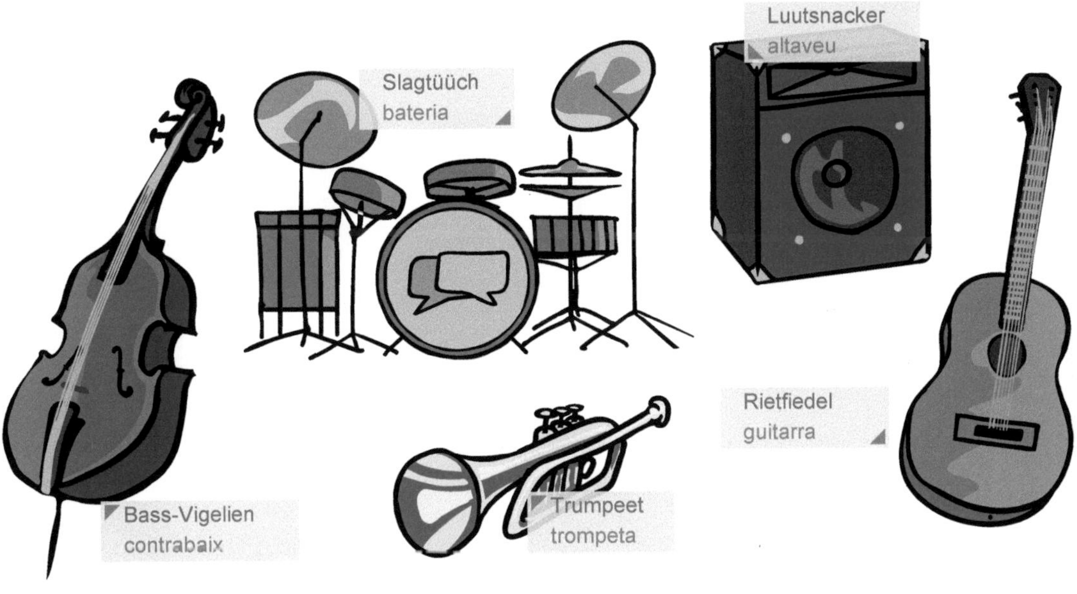

Luutsnacker
altaveu

Slagtüüch
bateria

Rietfiedel
guitarra

Bass-Vigelien
contrabaix

Trumpeet
trompeta

Klaveer

piano

Vigelien

violí

Bass

baix

Pauk

timbal

Trummeln

tambor

Keyboard

teclat

Saxophon

saxofon

Fleut

flauta

Mikrofoon

micròfon

Musikinstrumenten - instrument de música

Deertenpark

zoo

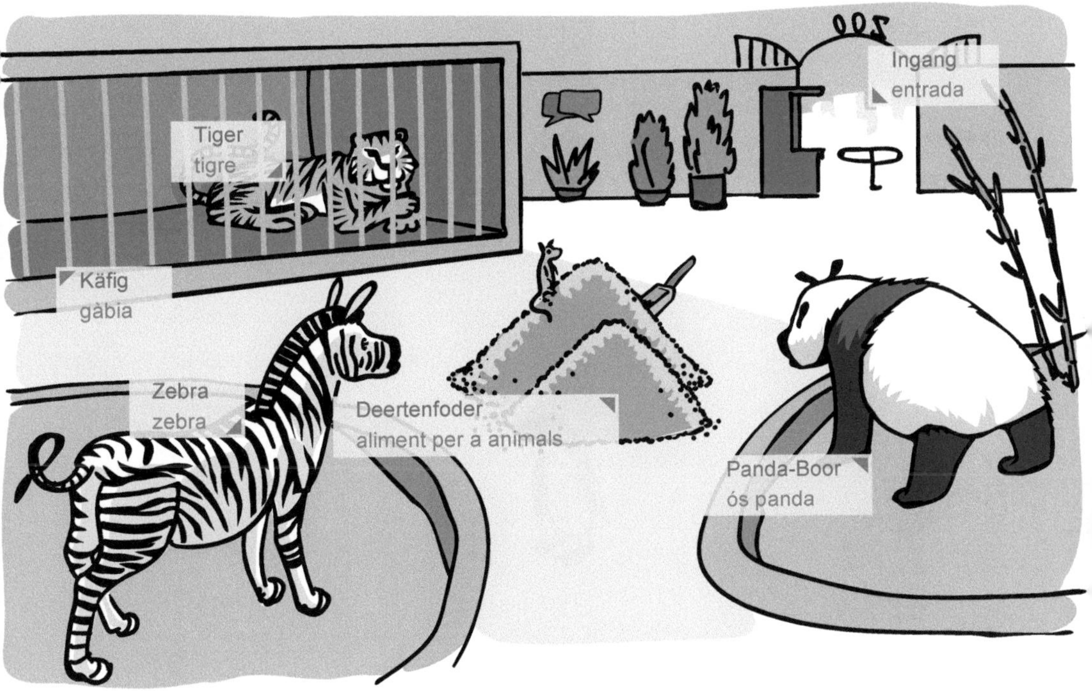

Tiger
tigre
Ingang
entrada
Käfig
gàbia
Zebra
zebra
Deertenfoder
aliment per a animals
Panda-Boor
ós panda

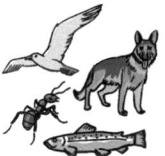

Deerten

animals

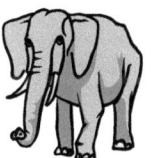

Elefant

elefant

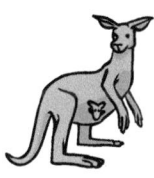

Känguru

cangurú

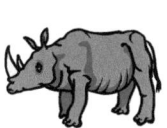

Neeshoorn

rinoceront

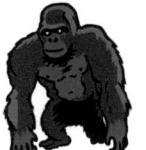

Gorilla

goril·la

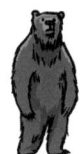

Boor

ós

Kameel

camell

Struuß

estruç

Lööv

lleó

Aap

simi

Flamingo

flamenc

Papagoi

papagai

Iesboor

ós polar

Pinguin

pingüí

Haifisch

ca mari

Pageluun

paó

Slang

serp

Krokodil

cocodril

Oppasser in'n Deertenpark

guardià del zoo

Saalhund

foca

Jaguor

jaguar

Pony

poni

Leopard

lleopard

Nilpeerd

hipopòtam

Giraff

girafa

Aadler

àliga

Wildswien

senglar

Fisch

peix

Schildkrööt

tortuga

Walross

morsa

Voss

guineu

Gazell

gasela

Amerikaansch Football
futbol americà

Radfohren
ciclisme

Tennis
tenis

Korfball
bàsquet

Swümmen
natació

leshockey
hoquei sobre gel

Boxen
boxa

Football

futbol americà

Fedderball

bàdminton

Leichtathletik

atletisme

Handball

handbol

Skilopen

esquí

Polo

polo

Aktivitäten
activitats

lachen
riure
springen
saltar
ümarmen
abraçar
gahn
anar
singen
cantar
drömen
somiar
beden
pregar
snuteln
fer un petó

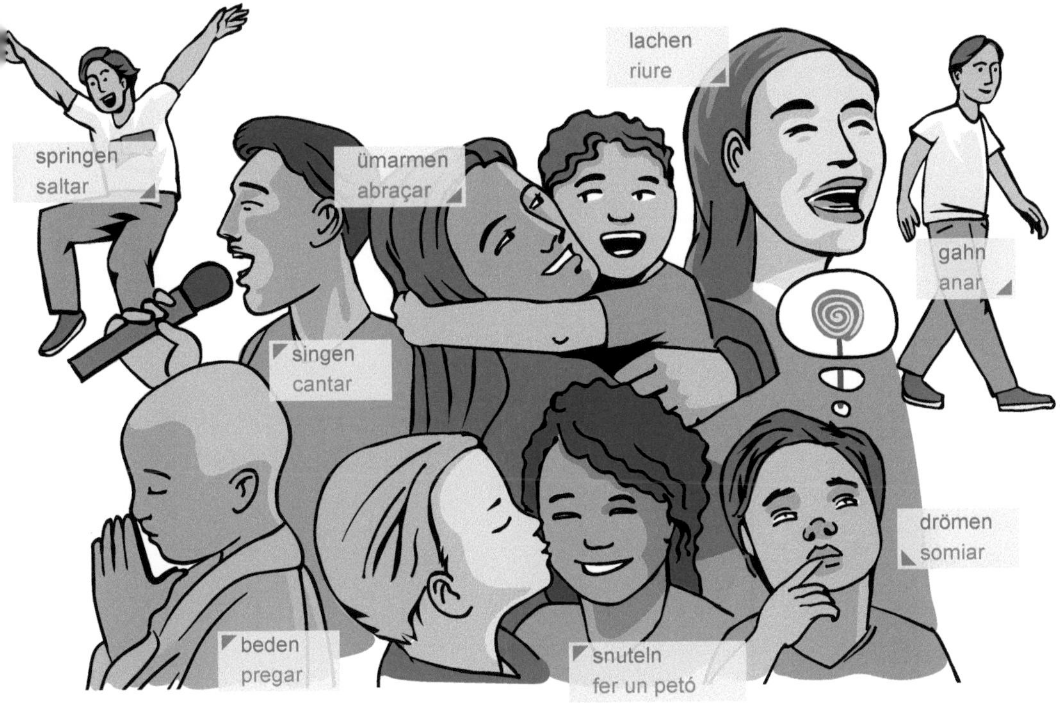

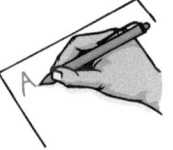

schrieven

escriure

teken

dibuixar

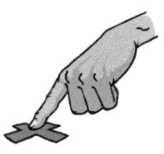

wiesen

mostrar

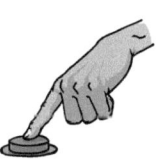

drücken

pitjar

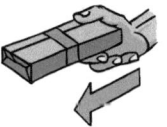

geven

donar

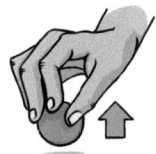

nehmen

prendre

hebben

tenir

doon

fer

sien

ésser

stahn

estar dret

lopen

córrer

trecken

estirar

smieten

llançar

fallen

caure

liggen

jeure

töven

esperar

dregen

portar

sitten

asseure's

antrecken

vestir-se

slapen

dormir

opwaken

despertar-se

ankieken

mirar

wenen

plorar

eien

amoixar

kämmen

pentinar

snacken

parlar

verstahn

comprendre

fragen

demanar

hören

escoltar

drinken

beure

eten

menjar

oprümen

endreçar

leefhebben

estimar

kaken

cuinar

fohren

conduir

flegen

volar

segeln

navegar

reken

calcular

lesen

llegir

lehren

aprendre

arbeiden

treballar

de Plünnen tohoopsmieten

casar-se

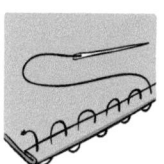

neihen

cosir

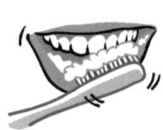

Tähnen putzen

raspallar-se les dents

dootmaken

matar

smöken

fumar

schicken

enviar

Familje
família

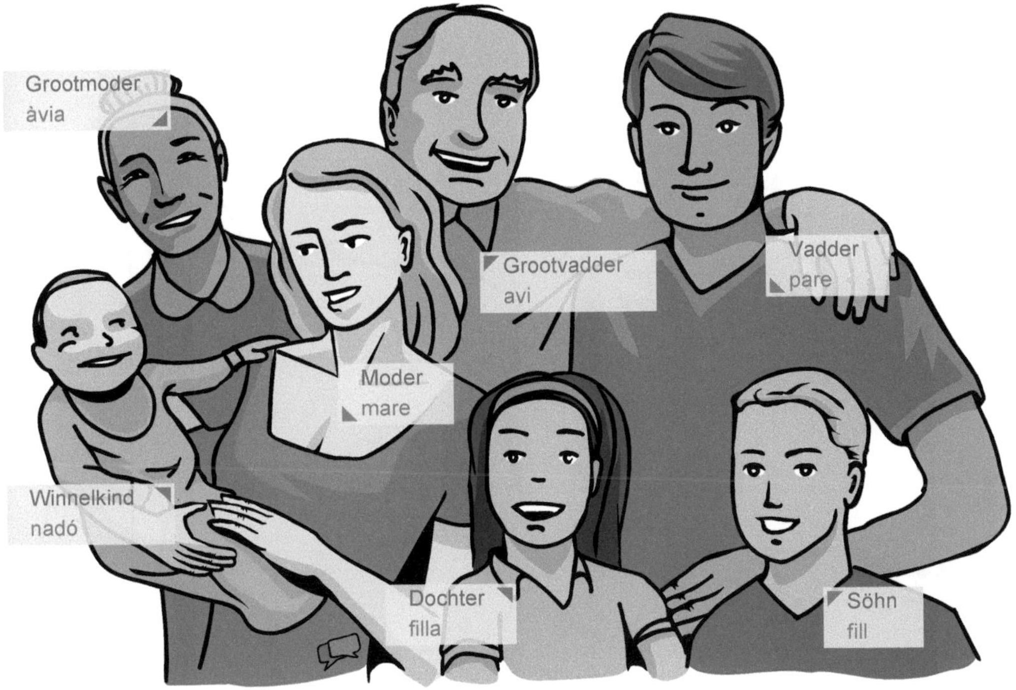
Grootmoder
àvia
Grootvadder
avi
Vadder
pare
Moder
mare
Winnelkind
nadó
Dochter
filla
Söhn
fill

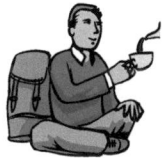

Gast
convidat

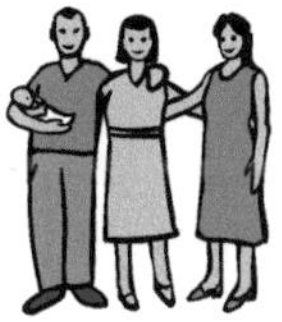

Tant
tia

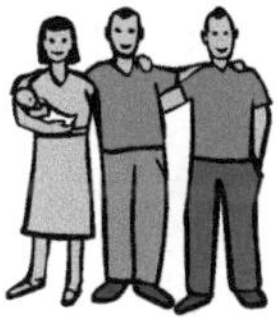

Unkel
oncle

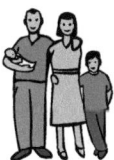

Broder
germà

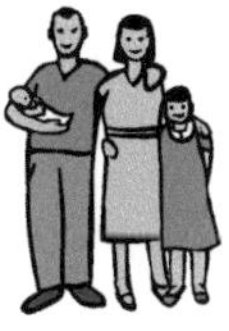

Süster
germana

Lief

cos

Vörkopp
front
Oog
ull
Gesicht
cara
Kinn
barbeta
Bost
pit
Finger
dit
Hand
mà
Arm
braç
Schuller
espatlla
Been
cama

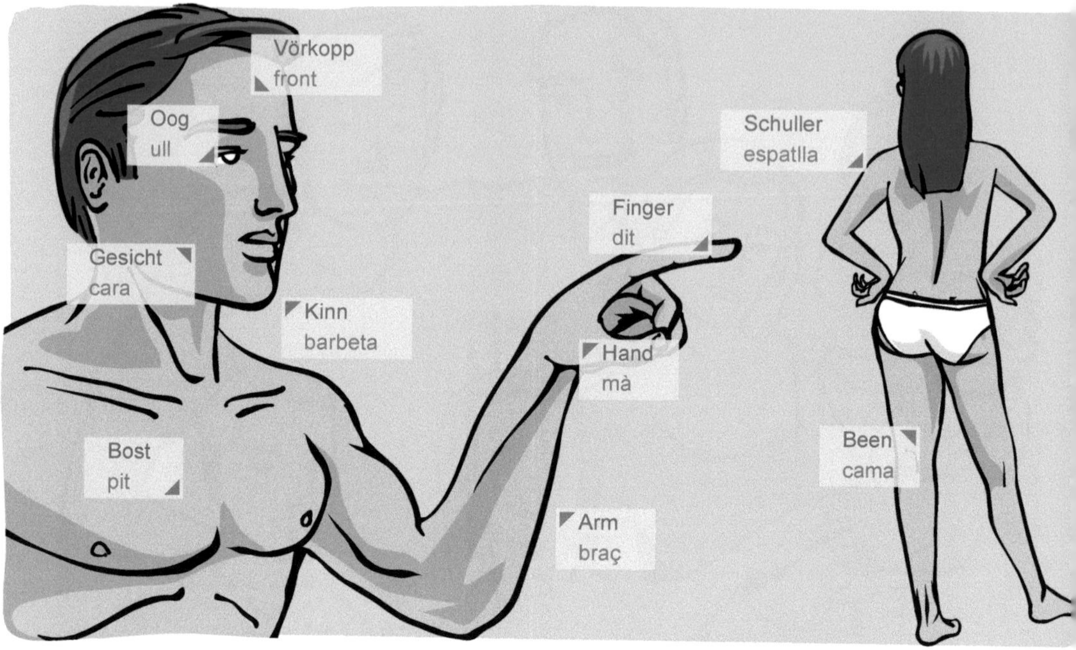

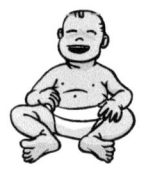

Winnelkind

nadó

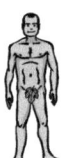

Mann

home

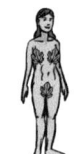

Fro

dona

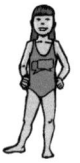

Deern

noia

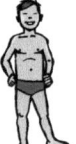

Jung

noi

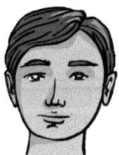

Arm

cap

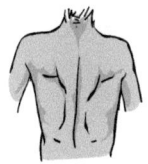

Rüch

esquena

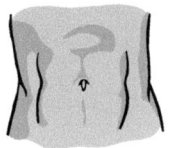

Buuk

panxa

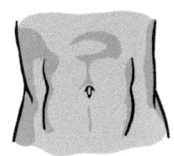

Navel

melic

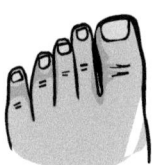

Teh

dit gros del peu

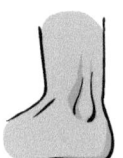

Hack

taló

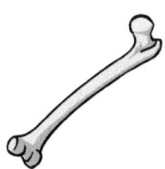

Knaken

os

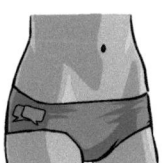

Hüft

maluc

Knee

genoll

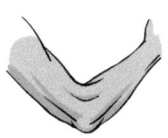

Ellbagen

colze

Nees

nas

Achtersen

cul

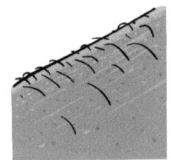

Huut

pell

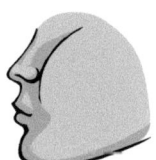

Back

galta

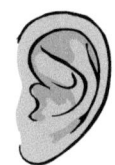

Ohr

orella

Lipp

llavi

Mund

boca

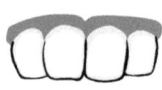

Tähn

dent

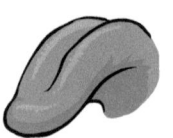

Tung

llengua

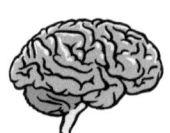

Bregen

cervell

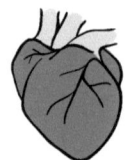

Hart

cor

Muskel

múscul

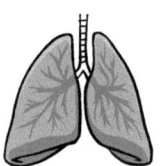

Lung

pulmó

Lever

fetge

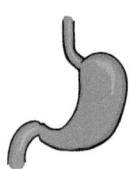

Maag

estómac

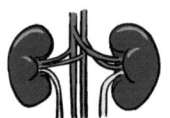

Neren

ronyó

Bislaap

relació sexual

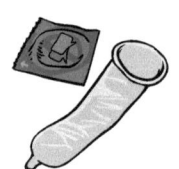

Kondoom

preservatiu

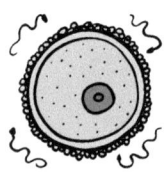

Eizell

ovari

Sperma

semen

Anner Ümstänn

prenyat

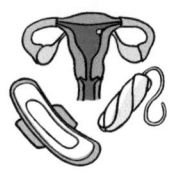

Menstruatschoon

menstruació

Scheed

vagina

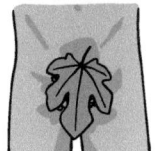

Pint

penis

Ogenbroe

cella

Hoor

cabells

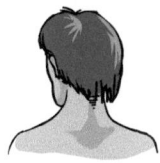

Hals

coll

Krankenhuus
hospital

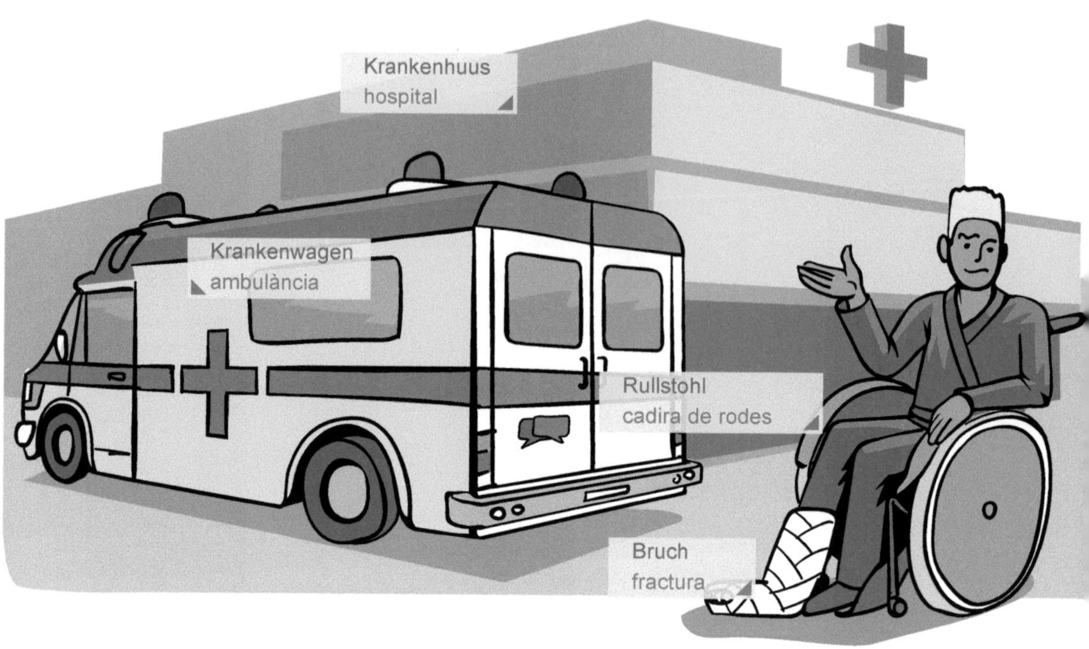

Krankenhuus
hospital
Krankenwagen
ambulància
Rullstohl
cadira de rodes
Bruch
fractura

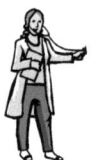

Dokter

doctora

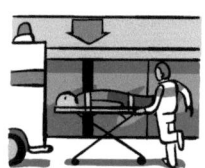

Nootopnahm

sala d'urgències

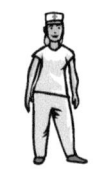

Krankensüster

infermera

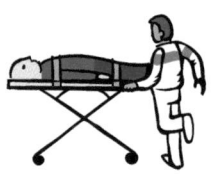

Nootfall

urgència

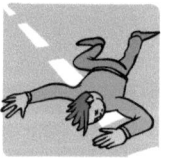

ahnmächtig

inconscient

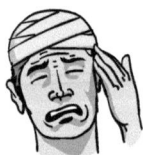

Wehdaag

dolor

Verwunnen

ferida

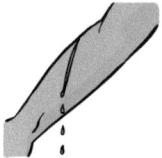

Blöden

sagnament

Hartinfarkt

atac de cor

Slaganfall

apoplexia

Allergie

al·lèrgia

Hoosten

tos

Fever

febre

Gripp

gripa

Dörchfall

diarrea

Koppwehdaag

mal de cap

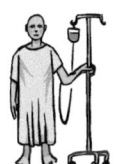

Kreeft

càncer

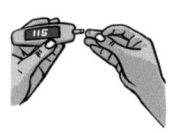

Zuckersüük

diabetis

Chirurg

cirurgià

Chirurgsch Mess

escalpel

Operatschoon

operació

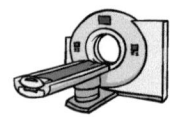

CT

tomografia computada (TC),
TAC

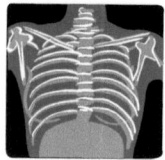

Dörchlüchten

raigs x

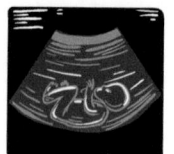

Ultraschall

ultrasò

Mask

mascareta

Krankheit

malaltia

Töövruum

sala d'espera

Krück

crossa

Plaaster

tireta

Verband

embenat

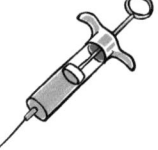

Insprütten

injecció

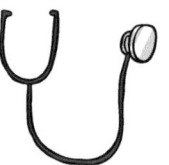

Stethoskop

estetoscopi

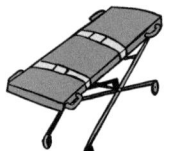

Draag

llitera

Feverthermometer

termòmetre clínic

Geboort

pariment

Övergewicht

sobrepès

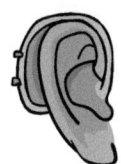

Höörapparat

aparell auditiu

Kiemfriemiddel

desinfectant

Ansteken

infecció

Virus

virus

HIV / AIDS

VIH / SIDA

Heelmiddel

medicina

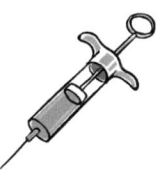

Impen

vaccí

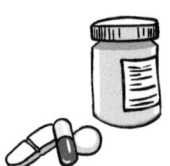

Tabletten

comprimits

Pill

píl·lola

Nootroop

trucada d'urgència

Blootdruck-Meter

tensiòmetre

krank / gesund

malalt / sà

Hölp!

Socors!

Alarm

alarma

Överfall

assalt

Angreep

atac

Gefohr

perill

Nootutgang

sortida-eixida d'urgència

Füer!

Foc!

Füerlöscher

extintor

Unfall

accident

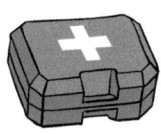

Noothölpkoffer

farmaciola de primers
auxilis

SOS

SOS

Polizei

policia

Europa

Europa

Noordamerika

Amèrica del Nord

Süüdamerika

Amèrica del Sud

Afrika

Àfrica

Asien

Àsia

Australien

Austràlia

Atlantik

Atlàntic

Pazifik

Pacífic

Indisch Weltmeer

Oceà Índic

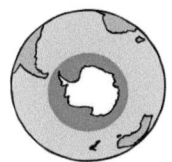

Antarktisch Weltmeer

Oceà Antàrtic

Arktisch Weltmeer

Oceà Àrtic

Noordpol

pol nord

Süüdpol
....
pol sud

Antarktis
....
Antàrtida

Eerd
....
terra

Land
....
país

See
....
mar

Eiland
....
illa

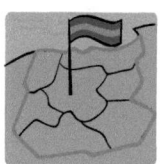

Natschoon
....
nació

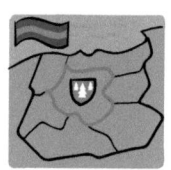

Staat
....
estat

Tallenblatt

quadrant

Stunnenwieser

agulla de les hores

Minutenwieser

agulla dels minuts

Sekunnenwieser

agulla dels segons

Wo laat is dat?

Quina hora és?

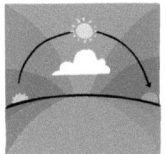

Dag

dia

Tiet

temps

nu

ara

digetaalsch Klock

rellotge digital

Minuut

minut

Stunn

hora

Week

setmana

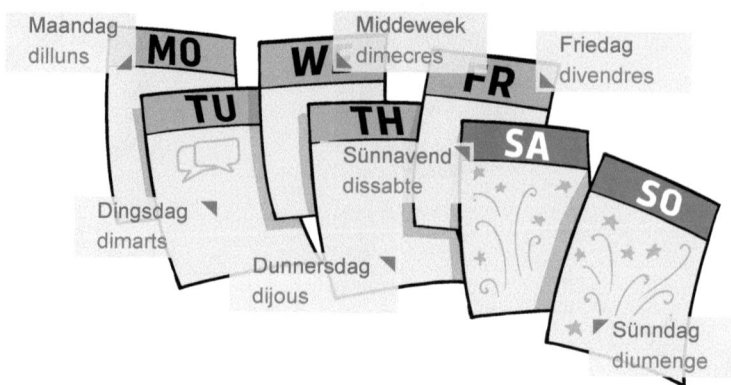

Maandag
dilluns

Middeweek
dimecres

Friedag
divendres

Dingsdag
dimarts

Sünnavend
dissabte

Dunnersdag
dijous

Sünndag
diumenge

güstern

ahir

hüüt

avui

morgen

demà

Morgen

matí

Meddag

migdia

Avend

tarda

Arbeitsdaag

dia feiner

Wekenenn

cap de setmana

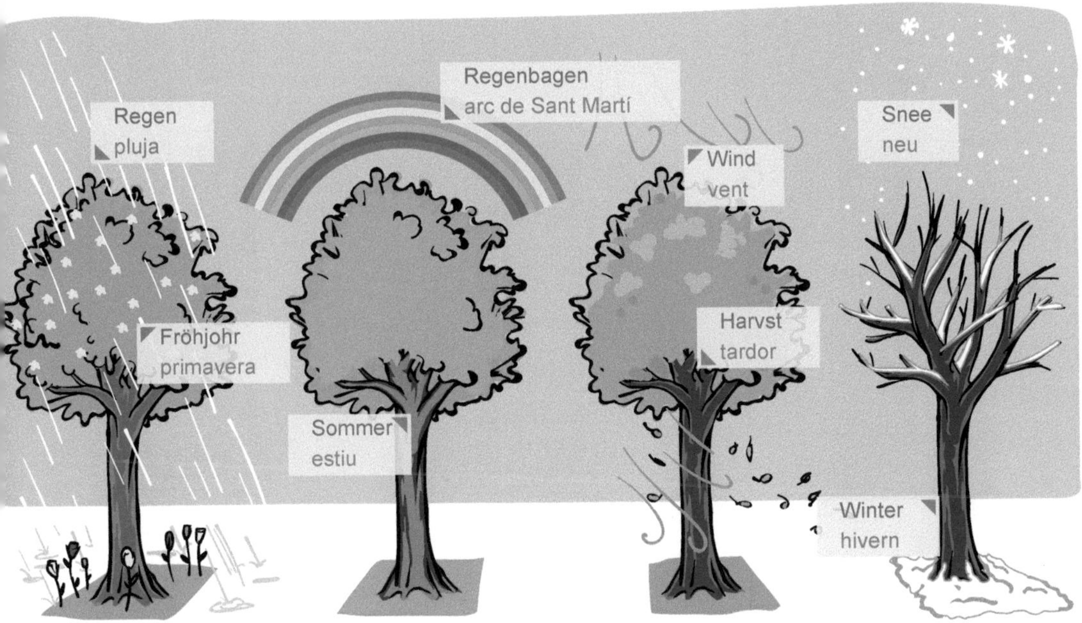

Regen
pluja

Regenbagen
arc de Sant Martí

Snee
neu

Wind
vent

Fröhjohr
primavera

Harvst
tardor

Sommer
estiu

Winter
hivern

4.APRIL	11°	☀
5.APRIL	4°	☁
6.APRIL	13°	☂
7.APRIL	8°	❄
8.APRIL	10°	❄

Wedervörhersaag

pronòstic del temps

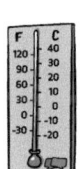

Thermometer

termòmetre

Sünnenschien

llum del sol

Wulk

núvol

Nevel

boira

Luftfuchtigkeit

humiditat de l'aire

Blitz
llamp

Dunner
tro

Storm
tempesta

Hagel
calamarsa

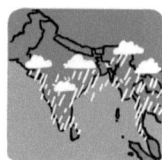

Monsun
monsó

Floot
inundació

Ies
gel

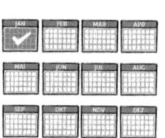

Januormaand
gener

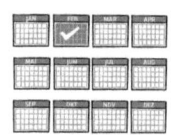

Februormaand
febrer

Martmaand
març

Aprilmaand
abril

Maimaand
maig

Junimaand
juny

Julimaand
juliol

Augustmaand
agost

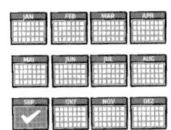

Septembermaand
....
setembre

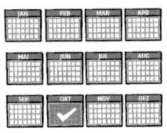

Oktobermaand
....
octubre

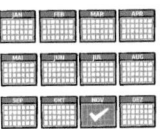

Novembermaand
....
novembre

Dezembermaand
....
desembre

Formen
formes

Krink
....
cercle

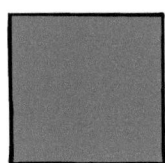

Quadrat
....
quadrat

Rechteck
....
rectangle

Dreeeck
....
triangle

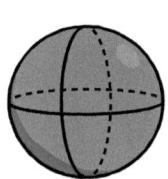

Kugel
....
esfera

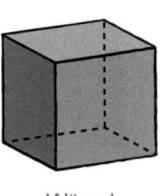

Wörpel
....
cub

witt

blanc

geel

groc

orangsch

taronja

pink

rosa

root

vermell

lila

lila

blau

blau

gröön

verd

bruun

marró

gries

gris

swart

negre

veel / wenig

molt / poc

böös / verdreeglich

emprenyat / tranquil

smuck / mies

bonic / lleig

Begünn / Enn

començament / fi

groot / lütt

gran / petit

hell / düüster

clar / fosc

Broder / Süster

germà / germana

schier / schietig

net / brut

kumpleet / nich kumpleet

complet / incomplet

Dag / Nacht

dia / nit

doot / lebennig

mort / viu

breet / small

ample / estret

geneetbor / nich geneetbor

comestible / immenjable

böös / fründlich

dolent / amable

fickerig / langwielt

entusiasmat / entediat

dick / dünn

gros / prim

toeerst / toletzt

primer / darrer

Fründ / Fiend

amic / enemic

vull / leddig

ple / buit

hart / week

dur / tou

swoor / licht

pesant / lleuger

Smacht / Döst

gana / set

krank / gesund

malalt / sà

nich na't Recht / na't Recht

il·legal / legal

klook / dummerhaftig

intel·ligent / ximple

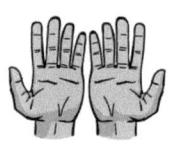

linkerhand / rechterhand

esquerra / dreta

neeg / feern

prop / llunyà

nieg / bruukt

nou / usat

nix / wat

res / quelcom

oolt / jung

vell / jove

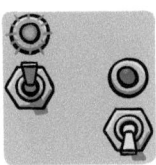

an / ut

encès / apagat

apen / slaten

obert / tancat

lies / luut

silenciós / sorollós

riek / arm

ric / pobre

richtig / verkehrt

correcte / incorrecte

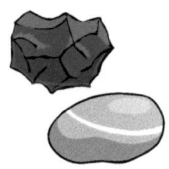

ruug / glatt

aspre / suau

trurig / glücklich

trist / content

kort / lang

curt / llarg

suutje / flink

lent / ràpid

natt / drÖÖg

humit / sec - eixut

warm / köhl

calent / fred

Krieg / Freden

guerra / pau

0

null

zero

1

een

u

2

twee

dos

3

dree

tres

4

veer

quatre

5

fief

cinc

6

söss

sis

7

söven

set

8

acht

vuit

9

negen

nou

10

teihn

deu

11

ölven

onze

12

twölf

dotze

13

dörteihn

tretze

14

veerteihn

catorze

15

föffteihn

quinze

16

sössteihn

setze

17

söventeihn

disset

18

achtteihn

divuit

19

negenteihn

dinou

20

twintig

vint

100

hunnert

cent

1.000

dusend

mil

1.000.000

million

milió

Engelsch

anglès

Amerikaansch Engelsch

anglès americà

Chineesch Mandarin

xinès mandarí

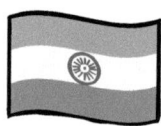

Hindi

hindi

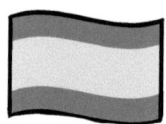

Spaansch

espanyol

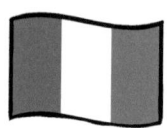

Franzöösch

francès

Araabsch

àrab

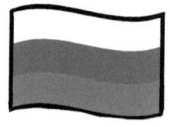

Rusch

rus

Portugiesch

portuguès

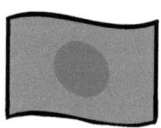

Bengaalsch

bengalí

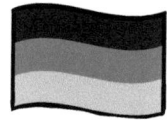

Düütsch

alemany

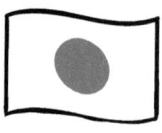

Japaansch

japonès

ik
jo

du
tu

he / se / dat
ell / ella / allò

wi
nosaltres

ji
vosaltres

se
ells

keen?
qui?

wat?
què?

woans?
com?

woneem?
on?

wannehr?
quan?

Naam
nom

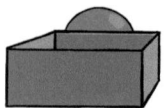

achter

darrere

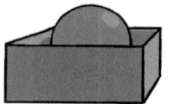

in

en

vör

davant de

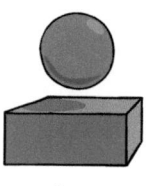

över

damunt

op

sobre

ünner

sota

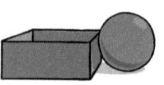

blangen

al costat

twüschen

entre

Oort

lloc